Friederike Wilhelmi

Was ist wahr?!
Warum haben Zebras Streifen?

Illustrationen von F

arsEdition

Bibliografische Information Der Deutschen Bibliothek

Die Deutsche Bibliothek verzeichnet diese Publikation in der
Deutschen Nationalbibliografie; detaillierte bibliografische Daten
sind im Internet über http://dnb.ddb.de abrufbar.

5 4 3 2 1   08 07 06 05

© 2005 arsEdition GmbH, München
Alle Rechte vorbehalten
Textlektorat: Elke Hesse
ISBN 3-7607-4843-0

www.arsedition.de

Inhalt

Wo kommen die Tränen her?	5
Wie und warum bekommen wir Schluckauf?	7
Warum werden aufgeschnittene Apfelstücke braun?	9
Wo ist das Meer, wenn Ebbe ist?	11
Warum haben Zebras Streifen?	13
Was ist ein Sonnenstich?	15
Wird die Erde schwerer, weil immer mehr Menschen darauf leben?	17
Wie sprechen Bauchredner?	19
Warum gähnen wir manchmal?	21
Warum bekommen viele Menschen im Alter graue Haare?	23
Warum lassen Hunde bei Anstrengung die Zunge raushängen?	25
Gibt es Vögel, die rückwärts fliegen können?	27
Wie »funktioniert« eine Brieftaube?	29
Wie kommen die Löcher in den Käse?	31

Warum ist das Meer blau?	33
Woher kommt der Druck in den Ohren?	35
Wodurch entstehen Sternschnuppen?	37
Warum poppt Popcorn?	39
Warum heißen Meerschweinchen Meerschweinchen?	41
Warum bildet sich auf Pudding eine Haut?	43
Warum ist es leiser, wenn frischer Schnee liegt?	45
Warum schwitzen wir manchmal?	47
Warum bekommt man Pickel?	49
Wie entstehen Sommersprossen?	51
Wie spinnen Spinnen?	53
Warum stinken manche Füße?	55
Warum fallen schlafende Vögel nicht von der Stange?	57
Warum fliegen manche Zugvögel in V-Form?	59
Warum kann eine Wurst beim Erwärmen platzen?	61
Warum zittern wir, wenn wir frieren?	63

Wo kommen die Tränen her?

a) Wenn wir eine starke Gefühlsregung haben, ziehen sich all unsere Hautdrüsen eng zusammen. Wir verschließen uns regelrecht, das ist eine reflexartige Schutzfunktion. Da nun über die Haut kein Schweiß mehr entweichen kann, wir aber in Gefühlswallung besonders stark schwitzen, sondern wir Schweiß über die Augen ab.

b) Hinter unseren Augen befinden sich große, sackähnliche Behälter, in denen die Tränenflüssigkeit gelagert wird. Wenn sie aufgebraucht ist, kannst du erst mal eine Weile nicht mehr weinen. In der Zeit solltest du mehr trinken als sonst, damit sich die Behälter wieder füllen.

c) Die Tränen werden von kleinen Drüsen produziert, die sich am oberen Rand der Augenhöhlen befinden. Sie sondern ununterbrochen Flüssigkeit ab, die das Auge vor Infektionen schützt. Sobald ein Fremdkörper im Auge landet oder eine Gefühlsregung den Körper erschüttert, produzieren sie Tränen.

Richtig ist Antwort c)

Am oberen Rand deiner Augenhöhlen befinden sich die so genannten Tränendrüsen, die rund um die Uhr Flüssigkeit produzieren. Diese besteht aus Wasser, Eiweiß, Salz und ein bisschen Fett. Mit dem Zwinkern deiner Augenlider verteilst du die Flüssigkeit regelmäßig über deine Hornhaut. Dieser Tränenfilm schützt das Auge vor Infektionen und kleinen Fremdkörpern, wie zum Beispiel Staub.

Landet allerdings einmal etwas Größeres in deinem Auge, wie zum Beispiel eine Mücke, erteilt das Gehirn den Befehl an die Tränendrüsen, die Schleusen zu öffnen. Sofort werden die Augen überflutet und die Mücke wird weggespült.

Diese medizinisch notwendigen Tränen gibt es bei Tieren auch. Die seelischen Tränen aber, also die, die bei Trauer, Schmerz, Wut, großer Freude oder Rührung fließen, kennen nur die Menschen. Warum die

menschlichen Tränendrüsen loslegen, sobald sich derartige Gefühle regen, ist den Wissenschaftlern noch unklar. Nicht weinen – sie werden es schon noch herausfinden!

Wie und warum bekommen wir Schluckauf?

a) Schluckauf ist einfach nur eine Verwirrung der Nerven im Atembereich. Er ist völlig nutzlos. Lediglich im Bauch deiner Mutter half er dir, dich schon einmal auf das Atmen vorzubereiten.

b) Sobald zu viele Schadstoffe in deinen Körper eingedrungen sind, wird er aktiv und fängt an zu hicksen. Bei jedem Hickser gerät der Blutkreislauf in Wallung und hilft dadurch, die Schadstoffe schneller über die Haut wieder auszuscheiden.

c) In der Steinzeit brüllten die Menschen noch wie Raubtiere, sobald sie in Gefahr waren oder sich verteidigen mussten. Aus dieser Zeit ist nur der Schluckauf zurückgeblieben. Er ist der mickrige Versuch zu brüllen, sobald du dich erschreckt hast.

Richtig ist Antwort a)

Du kannst einen Schluckauf bekommen, wenn du zum Beispiel etwas Kaltes trinkst oder dich erschreckst. Damit verwirrst du die Nerven, die für das Ein- und Ausatmen zuständig sind. Sie geben immer zum richtigen Zeitpunkt die richtigen Befehle, sind also sozusagen Herrscher über die verschiedenen Tätigkeiten, die dein Körper beim Atmen verrichten muss. Sind die Nerven aber verwirrt, also im Stress, geben sie die Befehle viel zu schnell. Und das Zwerchfell zieht sich dann ruckartig zusammen. Schluckauf ist völlig harmlos und vor allem auch sinnlos.

Nur früher, als du noch im Bauch deiner Mutter warst, war der Schluckauf wichtig. Mit ihm hast du dort nämlich das Atmen trainiert.

Um einen Schluckauf wieder loszuwerden, kannst du zehnmal hintereinander schlucken, dich von einem anderen erschrecken lassen, die Luft anhalten ... Mit der Zeit beruhigt sich das Zwerchfell schon wieder und mit ihm der Schluckauf.

Warum werden aufgeschnittene Apfelstücke braun?

a) Es liegt daran, mit was für einem Messer du den Apfel aufschneidest. Wenn es nicht absolut sauber ist, reagiert der Apfel sofort, indem er seinen keimtötenden, braunen Saft ausscheidet, der das Fruchtfleisch vor Keimen schützt.

b) Stoffe, die im Fruchtfleisch enthalten sind, verbinden sich mit der Luft. Das ist ein chemischer Vorgang und heißt »oxidieren«. Das Fehlen dieser Stoffe lässt den Apfel braun werden.

c) Viele Wissenschaftler gehen davon aus, dass Äpfel auch eine Art Seele haben. Liegt ein Apfel also zu lange unbeachtet herum, ärgert er sich schlicht und ergreifend braun.

Richtig ist Antwort b)

Das ist wirklich lästig: Wenn ein Apfel zu lange aufgeschnitten herumliegt, sieht er braun und ungenießbar aus. Ganz egal, ob er auf dem Küchentisch oder in der Dose in der Schultasche liegt.

Schuld daran ist eine chemische Reaktion. Sobald das Fruchtfleisch nämlich mit Sauerstoff, also der Luft, in Berührung kommt, verbinden sich Teilchen aus dem Apfel mit dem Sauerstoff. Dieser Vorgang wird »Oxidation« genannt. Da auch Vitamine (besonders das in Äpfeln enthaltene Vitamin C) an der Luft oxidieren, nimmt der Vitamingehalt des Apfels ab, wenn er länger an der Luft liegt. Je brauner er also ist, umso weniger Vitamin C enthält er noch.

Es gibt übrigens mehrere Früchte und Gemüsearten, die an der Luft braun werden: Kartoffeln zum Beispiel und auch Avocados.

Ein Tipp: Wenn du auf die aufgeschnittene Stelle etwas Zitronensaft träufelst, wird das Fruchtfleisch nicht so schnell braun. Denn der Zitronensaft legt sich wie ein schützender Mantel über die Frucht.

Wo ist das Meer, wenn Ebbe ist?

a) Der Mond zieht das Wasser an. Bei Ebbe steht er direkt über dem Meer und daher fließt das Wasser vom Strand weg in seine Richtung.

b) Ebbe und Flut werden durch die Anziehungskraft des Erdkerns ausgelöst, die mal stärker (Ebbe) und mal schwächer (Flut) ist. Bei Ebbe zieht der Kern das Wasser so stark an, dass ein beträchtlicher Teil des Meeres durch viele kleine Kanäle nach unten ins Erdinnere gezogen wird.

c) Ebbe herrscht nur, wenn die Sonne stark scheint. Die kräftigen Sonnenstrahlen erwärmen das Meer und es verdunstet. Das verdunstete Wasser verwandelt sich wieder zurück, sobald die Sonne am Abend ihre Kraft verliert. Dann ist Flut.

Richtig ist Antwort a)

Sonne und Mond ziehen das Wasser an. Der Mond allerdings viel stärker, weil er der Erde näher ist.

Sobald der Mond über dem Meer steht, wirkt er wie ein Magnet auf das Wasser und es fließt in seine Richtung. Es läuft also vom Ufer weg – dann ist Ebbe.

Und wenn der Mond weiterwandert, fließt das Wasser wieder zurück – dann ist Flut.

Hätte die Erde nicht ihre eigene Anziehungskraft, würde das Wasser wahrscheinlich auf direktem Weg hoch zum Mond sausen. So aber wird es von der Erde festgehalten. Es sammelt sich sozusagen auf der Erde unter dem Mond und wandert mit ihm. Sobald der Mond für ein paar Stunden verschwunden ist, breitet sich das Wasser wieder aus.

Bei Neumond kommt die Anziehungskraft der Sonne noch hinzu, weil da Erde, Mond und Sonne in einer Linie stehen. Dann kann es zu so genannten Springfluten kommen, denn Sonne und Mond gemeinsam setzen natürlich das Wasser noch stärker in Bewegung.

Warum haben Zebras Streifen?

a) Zebras gibt es erst seit ungefähr zwei Jahrhunderten. Ein spanischer Landwirt kreuzte damals einen weißen Schimmel mit einer schwarzen, kleinen Ponydame. Die daraus entstandenen Kinder waren schwarz-weiß gestreift und die ersten Zebras der Welt.

b) Die Zebrastreifen auf den Zebras erfüllen überhaupt keinen Sinn und Zweck, im Gegensatz zu den Zebrastreifen auf der Straße. Sie sind einfach nur eine Laune der Natur, weiter nichts.

c) Die Streifen dienen als Tarnung. Aus der Entfernung verschwimmt das Schwarzweiß zu einem Grau. So hat der Feind aufgrund der verwirrenden Muster Schwierigkeiten, in der Herde ein einzelnes Opfer auszumachen.

Richtig ist Antwort c)

Obwohl das Muster des Zebrafells aus der Nähe betrachtet eher auffällig ist, dient es in der afrikanischen Steppe als Tarnung. In der Wüste flimmert nämlich die Luft, weil es dort so heiß ist. Dadurch verschwimmen die vielen Streifen des Zebras in der Entfernung zu einem diffusen Grau. Und ist der Feind (z.B. ein Leopard oder ein Löwe) dicht bei der Herde, kann er sie zwar sehen, hat jedoch Schwierigkeiten, ein einzelnes Opfer in dem irreführenden Streifenmeer auszumachen.

Das gleiche Problem hat die Tsetsefliege, ein lästiges Insekt, das richtig gefährlich werden kann, weil es Krankheitserreger in sich trägt. In den gebogenen Augen der Insekten lösen sich die gestreiften Zebras regelrecht auf und so können die stechenden Biester ihre Opfer nicht finden. Daher ist die Streifenbildung der Zebras in Regionen, in denen die Tsetsefliege nicht vorkommt, tatsächlich weniger ausgeprägt.

Die Zeichnung eines jeden Tieres ist übrigens so unterschiedlich wie die Fingerabdrücke der Menschen. Ein Zebra ist also einmalig und unverwechselbar. Familienmitglieder erkennen einander dank des einzigartigen »Strichcodes« immer wieder.

Was ist ein Sonnenstich?

a) Hin und wieder schickt die Sonne einen besonders starken Sonnenstrahl auf die Erde, der dich an der ungeschützten Haut leicht verletzen kann. Das passiert nur äußerst selten und ist so ungefährlich wie das Brennen der Brennnessel.

b) Einen Sonnenstich kannst du bekommen, wenn du dich zu lange mit ungeschütztem Kopf in der prallen Sonne aufhältst. Dann kann es nämlich passieren, dass die Sonne deine Hirnhäute reizt, die direkt unter der Schädeldecke liegen. Besonders gefährdet sind Menschen mit wenig oder gar keinen Haaren und Kleinkinder.

c) Einen Sonnenstich gibt es überhaupt nicht. Diese Krankheit haben Eltern nur erfunden, damit ihre Babys und Kleinkinder die Sonnenhüte auflassen und unter dem Sonnenschirm sitzen bleiben, damit sie nicht verloren gehen.

Richtig ist Antwort b)

Wenn die Sonne lange und stark auf deinen Kopf scheint, kann es passieren, dass deine Hirnhäute, die direkt unter der Schädeldecke liegen, gereizt werden.

Dann hast du einen Sonnenstich. Und das ist gar nicht lustig! Typische Anzeichen dafür sind ein knallroter und heißer Kopf, relativ kühle Haut, Kopfschmerzen, Übelkeit, Erbrechen und Schwindel. Manchmal kannst du auch einen steifen Hals bekommen und in ganz schlimmen Fällen endet ein Sonnenstich sogar tödlich.

Menschen mit wenig oder gar keinen Haaren auf dem Kopf müssen besonders Acht geben, denn bei ihnen knallt die Sonne direkt auf die Schädeldecke und das darunter liegende Gehirn. Und Kleinkinder müssen auch immer eine Kopfbedeckung in der Sonne tragen, selbst wenn sie ganz viele Haare haben, denn bei ihnen ist die Schädeldecke noch viel dünner als bei Erwachsenen.

Wird die Erde schwerer, weil immer mehr Menschen darauf leben?

a) Klar wird die Erde schwerer! Jeder erwachsene Mensch wiegt schließlich im Durchschnitt 75 kg und die Erdbevölkerung nimmt ununterbrochen zu. Doch noch wirft das Gewicht unseren Planten nicht aus der Umlaufbahn. Wissenschaftler haben ausgerechnet, dass das erst in ungefähr 250 Millionen Jahren der Fall wäre, wenn das Wachstum weiter so voranschreiten würde.

b) Die Erde wird nicht schwerer wegen der wachsenden Bevölkerungszahlen. Denn sie ist ein so genanntes geschlossenes System. Das bedeutet, dass alles, was wächst, aus etwas anderem, das schon auf der Erde existiert, entsteht.

c) Die Erde wird mit der steigenden Bevölkerungszahl immer schwerer. Weltraumforscher sind schon seit Ende des 20. Jahrhunderts damit beschäftigt, das wachsende Gewicht damit auszugleichen, indem sie Gewichte von der Erde in den Weltraum transportieren. Würden sie das nicht tun, hätte die Erde schon lange ihr Gleichgewicht verloren.

Richtig ist Antwort b)

Im Jahr 1800 betrug die Weltbevölkerung ungefähr 900 Millionen, im Jahr 1915 etwa 1,8 Milliarden. Die Verdoppelung der Bevölkerungszahl brauchte also 115 Jahre. Der nächste Verdoppelungsschritt auf 3,6 Milliarden war 1970 vollzogen, nach nur 55 Jahren. Mittlerweile leben ungefähr 6,5 Milliarden Menschen auf der Erde!

Trotz dieses rasanten Bevölkerungswachstums wird die Erde nicht schwerer. Denn alle Lebewesen wachsen aus dem, was Mutter Erde zur Verfügung stellt. Alles Leben auf diesem Planeten ist also nichts anderes als ein Kreislauf. Gibt es mehr Menschen, muss sich eben mehr Materie in Menschen verwandeln. Die Erde ist ein so genanntes geschlossenes System. Von außen kommt also nichts Neues und es geht auch nichts verloren. Daher bleibt das Gewicht der Erde konstant. Sie wiegt übrigens 5,972 Tausend Trillionen Tonnen. Das ist eine Zahl mit 24 Nullen!

Wie sprechen Bauchredner?

a) Die Bauchrednerkunst kann jeder erlernen. Es ist lediglich ein Trick, zu dem eine bestimmte Atemtechnik und viel Übung gehören.

b) Die Bauchrednerkunst wird wohl für immer ein Geheimnis bleiben, denn der weltweite Dachverband der Bauchredner hat festgesetzt, dass kein Mitglied jemals das Geheimnis, bzw. den Trick, verraten darf. Und daran hielten sich bis jetzt tatsächlich alle!

c) Bauchredner sprechen mit dem Bauch, logisch, sonst würden sie ja nicht so heißen. Sie sind mit einem vergrößerten Bauchnabel auf die Welt gekommen, durch den sie dank einer besonderen Atemtechnik sprechen können.

Richtig ist Antwort a)

Als Kind hast du vielleicht mal die Magie eines Bauchredners bestaunt und warst davon überzeugt, dass dieser Bauch ein Eigenleben besaß. Aber ein Bauchredner beherrscht einfach nur eine ausgeklügelte Technik.

Wichtig ist das Atmen. Beim normalen Sprechen bringst du mit der ausströmenden Luft die Stimmbänder zum Schwingen. Mithilfe deiner Zunge und dem Mundraum baust du aus dem Ton dann Wörter. Beim Bauchreden hält der Künstler die eingeatmete Luft mit dem Zwerchfell im Bauch fest und presst sie dann durch die Luftröhre nach oben. Auf diese Weise kann er leichter mit seiner Zunge, dem Mundhöhlenraum und dem Kehlkopf Wörter formen, ohne seine Lippen dabei zu bewegen. Manche Laute wie P, M und F werden durch ähnlich klingende ersetzt. Aus »Mama« wird zum Beispiel »Nana«.

Und so ein Wort spricht der Bauchredner dann sehr schnell, produziert zusätzlich noch einen Zungenschlag im Gaumen, sodass der Zuhörer den »Fehler« gar nicht wahrnimmt.

Schwierige Wörter werden einfach vermieden. Mit viel Übung kann also jeder das Bauchreden lernen.

Warum gähnen wir manchmal?

a) Gähnen ist eine körpereigene Säuberungsaktion. Durch das Gähnen strömt besonders viel Luft durch deinen ganzen Körper und die vielen Bakterien und Viren, die sich im Laufe des Tages an deiner Lunge festgesetzt haben, werden durch das heftige Ausatmen herausgeschleudert.

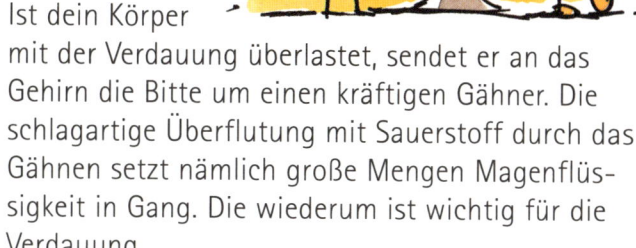

b) Du gähnst nur, wenn du zu viel im Magen hast. Ist dein Körper mit der Verdauung überlastet, sendet er an das Gehirn die Bitte um einen kräftigen Gähner. Die schlagartige Überflutung mit Sauerstoff durch das Gähnen setzt nämlich große Mengen Magenflüssigkeit in Gang. Die wiederum ist wichtig für die Verdauung.

c) Wenn du gähnst, bringst du deinen schlappen, müden Körper wieder in Schwung, weil Gähnen den Blutkreislauf anregt und dem Gehirn wieder den nötigen Sauerstoff liefert.

Richtig ist Antwort c)

Du gähnst, wenn du müde bist oder dich langweilst. Wenn also dein Körper nicht mehr so richtig fit ist. Dann fließen nämlich zu wenig Blut und Sauerstoff durch dein Gehirn. Ohne Sauerstoff kann das Gehirn aber nicht arbeiten, also sendet es an deinen Körper eine Art Notruf, woraufhin der sofort anfängt zu gähnen. Das hilft, denn beim Gähnen atmest du besonders tief und kräftig ein. Damit wühlst du deinen lahmen Blutkreislauf einmal so richtig auf und das Blut kann wieder schwungvoll in dein Herz und dein Gehirn gelangen. Die bekommen dann wieder Sauerstoff, ihre wichtigste Nahrung, und es geht dir gleich viel besser.

Wenn dir bei einem langen, herzhaften, lauten Gähner mal die Tränen kommen, oder du dich schnäuzen musst oder dir wohlig warm wird, dann ist das ein Zeichen, dass dein Körper hervorragend arbeitet.

Übrigens: Für das Gähnen solltest du dir Zeit lassen und es nie unterdrücken, denn es ist gesund! Oder du gehst einfach ins Bett und schläfst 'ne Runde, das ist natürlich noch gesünder!

Warum bekommen viele Menschen im Alter graue Haare?

a) Deine Haare reagieren sehr empfindlich auf deinen Seelenzustand. Wenn du zu lange traurig, wütend oder einsam bist, werden sie plötzlich, von einem Tag auf den anderen, grau.

b) Graue Haare haben nichts mit dem Alter zu tun, sondern mit der Häufigkeit des Abschneidens. Je öfter du deine Haare schneidest, desto schneller werden sie grau. Denn die Farbe in deinen Haaren fließt ständig rauf und runter. Kappst du einen Teil ab, reduzierst du die Farbreserve in deiner Kopfhaut.

c) Im Laufe der Jahre werden die Zellen, die den Farbstoff für unsere Haare produzieren, müde. Sie hören einfach auf zu arbeiten. Das Haar wächst dann noch weiter, allerdings farblos. Aber es reflektiert das Licht und wirkt daher grau.

Richtig ist Antwort c)

In unserer Haut gibt es Zellen, die das so genannte Melanin produzieren. Das Melanin ist für unsere Haut- und Haarfarbe zuständig und kann verschiedene Farbtöne bilden. Es gibt rote, braune, schwarze oder blonde Haare.

Mit zunehmendem Alter produzieren die Zellen an den Haarwurzeln immer weniger Melanin. Es geht ihnen sozusagen die Puste aus, bis sie schließlich endgültig schlapp machen und ganz mit der Produktion aufhören. Das Haar wächst dann farblos aus der Wurzel nach. Und es wirkt grau – beziehungsweise manchmal auch weiß, weil es das Licht reflektiert.

Warum lassen Hunde bei Anstrengung die Zunge raushängen?

a) Hunde haben nur wenige Schweißdrüsen am Körper. Wenn sie sich angestrengt haben oder es draußen sehr heiß ist, benutzen sie ihre Zunge, um überflüssige Wärme aus ihrem Körper loszuwerden. Ihr Hecheln hat also die gleiche Funktion wie das Schwitzen bei den Menschen.

b) Wenn Hunde die Zunge raushängen lassen und hecheln, ist Vorsicht angesagt. Das Zunge-Zeigen ist die Vorstufe zum Zähne-Fletschen. Sie signalisieren damit: »Kein Bock auf niemand« und »Fass mich nicht an!«.

c) Hunde hassen Anstrengung! Sobald sie sich endlich hinlegen dürfen, lassen sie einfach alles hängen, was möglich ist: den Körper, den Kopf, die Ohren und eben die Zunge. Sie haben ja keinen Spiegel, der ihnen zeigt, wie sie damit aussehen. Mit ihrem Hecheln bringen sie also lediglich ihre Erschöpfung zum Ausdruck.

Richtig ist Antwort a)

Der menschliche Körper schwitzt überflüssige Wärme über die Schweißdrüsen der Haut aus. Besonders im Sommer oder beim Sport ist das Schwitzen zwar oft lästig, aber lebensnotwendig, damit wir innerlich nicht verbrennen.

Hunde dagegen haben nur wenige Schweißdrüsen in ihrer Haut und müssen bei Anstrengung oder Hitze die überflüssige Wärme über die Zunge »aushecheln«. Die feuchte Zunge wird beim Hecheln wunderbar kalt, das nennt man Verdunstungskälte. Und da die Zunge gut durchblutet ist, kühlt gleich eine Menge Blut und damit auch die Körperinnentemperatur ab.

Beim Hecheln geht allerdings nicht nur Wärme, sondern auch Flüssigkeit verloren. Daher ist es Tierquälerei, einen Hund im Sommer zum Beispiel in einem geschlossenen Auto zurückzulassen. Bleibt er zu lange darin, muss er furchtbar hektisch hecheln und verliert dabei viel Feuchtigkeit. Hat er nichts zu trinken, ist es für ihn eine Qual.

Gibt es Vögel, die rückwärts fliegen können?

a) Natürlich gibt es Vögel, die rückwärts fliegen können: alle! Für die Vögel ist der Rückwärtsflug ähnlich einfach wie für dich der Rückwärtsgang.

b) Es gibt nur eine einzige Vogelart, die rückwärts fliegen kann: der Kolibri. Er ist sowieso der größte Flugakrobat unter den Vögeln. Mit seiner Fähigkeit, bis zu 200-mal in der Sekunde mit den Flügeln zu schlagen, vollführt er wahre Kunststücke.

c) Ja, es gibt zwei Vogelarten, die rückwärts fliegen können: die Möwe und der Pelikan. Beide ernähren sich von Fischen und ihre besondere Flugtechnik macht es ihnen möglich, im Flug an ihre Beute heranzukommen. Sie gleiten scharf beobachtend über der Oberfläche, drehen dann blitzartig ihre Flügel herum, sausen rückwärts und schnappen sich die eben gesichteten Fische.

Richtig ist Antwort b)

Ja, es gibt tatsächlich eine Vogelart, die rückwärts fliegen kann: den Kolibri. Mit seinen ausgefeilten Flugkünsten ist  er einzigartig in der Vogelwelt. Wenn er auf Nahrungssuche ist, zieht er mit seiner langen Zunge den Nektar aus frei hängenden Blüten heraus – im Flug! Um das zu erreichen, schlägt er ungefähr 80-mal pro Sekunde mit seinen Flügeln und zwar nicht auf und ab, sondern in Form einer liegenden Acht.

Wenn das Kolibrimännchen auf Weibchensuche ist, vollführt es regelrechte Tänze mit Pirouetten und Sturzflügen, um der Frauenwelt zu imponieren. Dabei erreicht es sogar 200 Schläge in der Sekunde und kann bis zu 95 Stundenkilometer schnell werden.

Diese sportlichen Höchstleistungen kosten natürlich entsprechend viel Energie. Daher braucht der Kolibri Unmengen an Nahrung. Die Hauptspeise des Kolibris ist Nektar. Ein- bis zweitausend Blüten leert er jeden Tag. Ein erwachsener Mann müsste ungefähr 190 Kilogramm Kartoffeln verputzen, um dieselbe Menge Energie zu sich zu nehmen!

Wie »funktioniert« eine Brieftaube?

a) Dass Tauben Briefe überbringen können, ist ein mittelalterlicher Aberglaube. Er beruht auf einer Geschichte des Dichters Walther von der Vogelweide, in der Liebende dank eines Briefboten – einer Taube – zueinander finden. Seitdem wird die Taube allerorten für weise und klug gehalten. In Wirklichkeit ist genau das Gegenteil der Fall, vor allem hat sie überhaupt keinen Orientierungssinn!

b) Früher hat man Brieftauben tatsächlich als Postboten eingesetzt. Sie fanden den Weg, indem man ihnen vor dem Abflug mittels einer bestimmten »Berührungssprache« den Kurs mitteilte. Streifte der Besitzer den Kopf der Taube, bedeutete das zum Beispiel etwas ganz anderes, als wenn er sie unter dem Flügel kraulte.

c) Brieftauben können tatsächlich Briefe überbringen. Sie haben nämlich einen hervorragenden Orientierungssinn, der sie sogar aus einer Entfernung von bis zu 1000 Kilometern wieder nach Hause zurückführt.

Richtig ist Antwort c)

In Deutschland leben ungefähr zehn Millionen Brieftauben. Sie werden von ihren Züchtern für Langstrecken-Wettflüge von bis zu 1000 Kilometern eingesetzt. Und sie finden dank ihres stark ausgeprägten Navigationssystems wieder nach Hause zurück. Zum einen können die Tiere anhand der Sonnenposition grob die Richtung ausmachen, sogar bei bedecktem Himmel.

Außerdem können sie dank eines sehr ausgeprägten Hörsinns Schallwellen wahrnehmen, die das menschliche Ohr nicht kennt. Meerwasser sendet zum Beispiel andere Schallwellen als das Gebirge. Jeder Ort der Erde hat sein eigenes Schallbild. Diese verschiedenen »Bilder« weisen den Tauben den Weg.

Des Weiteren besitzen Tauben die Fähigkeit, das Magnetfeld der Erde wahrzunehmen. Sie tragen also immer einen natürlichen Kompass mit sich.

Übrigens: Die Brieftaube trägt ihren Namen, weil sie früher tatsächlich Briefe transportiert hat. Vor allem Soldaten nahmen Tauben mit auf ihre Feldzüge, um nach Hause schreiben zu können.

Wie kommen die Löcher in den Käse?

a) Käsemasse besteht unter anderem aus viel Milch und einigen Bakterien. Die Bakterien sorgen dafür, dass der Käse reift. Das dauert allerdings eine Weile. In der Zeit produzieren die Bakterien Kohlensäure, also kleine Luftbläschen, wie du sie bestimmt vom Mineralwasser her kennst. Durch diese Luftbläschen entstehen die Löcher.

b) Käse muss lange in einer Halle lagern, bis er richtig lecker wird. Meistens wimmelt es dort von Mäusen. Bevor der Käse in die Läden abtransportiert wird, muss er von Mäusedreck gereinigt werden. Dafür ist der so genannte Käselöchler zuständig. Er bohrt mit einem bestimmten Käsebohrwerkzeug die Knabberstellen der Mäuse heraus.

c) Löcherkäse wurde im 15. Jahrhundert in Italien erfunden. Auf großen Festen lagen gigantische Käseplatten aus. Und für die Oliven bohrte man extra Löcher in den Käse. Dieser Brauch hat sich bis heute gehalten, allerdings werden die Löcher nur noch in ländlichen Gebieten Italiens traditionsgemäß mit Oliven gefüllt.

Richtig ist Antwort a)

Die Bakterien in der Käsemasse sorgen während des Reifens für die Löcher im Käse und das funktioniert so:

Der Käsemasse werden winzig kleine Bakterien zugefügt. Denn mit deren Hilfe wird aus der flüssigen Milchmasse überhaupt erst ein Käse. Es sind äußerst nützliche und ungefährliche Bakterien. Sie sehen aus wie kleine Stäbchen und saugen sich am Fett der Milchmasse satt. Und wie das nun mal so ist: Wenn man gut isst, muss man schon mal rülpsen und pupsen. Das passiert den Bakterien auch. Dadurch entsteht Kohlensäure und dieser Vorgang heißt Gärung. Diese unzähligen »ausgerülpsten« und »ausgepupsten« Kohlensäurebläschen sind es, welche die unterschiedlich großen Löcher im Käse bilden.

Die Löcher sind übrigens auch hörbar: Das Klopfen auf die Rinde eines jungen Käses klingt sehr dumpf. Der Käse, der schon länger lagert, klingt dagegen hohl – wegen der Löcher, oder besser gesagt: wegen der »Bakterienfürze«!

Warum ist das Meer blau?

a) Die Unterwasserwelt ist sehr bunt. Es sind wirklich alle Farben vertreten, welche die Natur hergibt. Allerdings ist der Blauanteil auf den Korallenbänken und sogar bei den Fischen am höchsten. Daher schimmert das ganze Meer bläulich.

b) Das Meerwasser sieht blau aus, weil die einzelnen Farben des Sonnenlichts unterschiedlich im Wasser reagieren. Sonnenlicht besteht ja aus verschiedenen Farben, die wir aus dem Regenbogen kennen. Rot, Orange, Gelb und Grün verschwinden für unser Auge, wenn sie ins Wasser eintauchen, blau dagegen bleibt sichtbar.

c) Aufgelöstes Salz wird aufgrund einer chemischen Reaktion blau. Daher ist auch das salzige Meerwasser blau. Süßwasser dagegen, in Flüssen oder Seen, ist durchsichtig, weil es kein Salz enthält.

Richtig ist Antwort b)

Wasser ist eigentlich durchsichtig und trotzdem ist das Meerwasser blau. Der Grund ist das Sonnenlicht. Das strahlt nämlich in Violett, Blau, Grün, Gelb und Rot auf die Erdoberfläche. Die einzelnen Farben sind für das menschliche Auge nur zu erkennen, wenn es regnet und zusätzlich die Sonne scheint: Dann sehen wir nämlich einen Regenbogen mit all den Farben des Lichts. Die einzelnen Farben bewegen sich in unterschiedlichen Wellenbewegungen fort, die kürzer oder länger sein können. Rot ist zum Beispiel langwellig, Blau dagegen kurzwellig.

Wenn das Licht nun in die Wasseroberfläche eindringt, wird langwelliges Licht sehr viel besser geschluckt als kurzwelliges. Daher ist der Rotanteil des Sonnenlichts bereits nach wenigen Metern unter Wasser verschwunden (absorbiert). Danach verschwinden nacheinander Orange, Gelb und Grün. Das blaue Licht dagegen wird am wenigsten geschluckt und am stärksten reflektiert, also zur Oberfläche zurückgeworfen. Deshalb erscheint uns das Meer blau.

Woher kommt der Druck in den Ohren?

a) Der Luftdruck verändert sich, sobald du einen Berg hinauf- oder hinabfährst. Die Luft in deinem Ohr aber verändert sich nicht so schnell. Sie braucht Zeit, um sich dem Außendruck anzupassen, und daher drückt es ein wenig.

b) Die Ohren sind deine sensibelsten Organe. Sie reagieren sofort mit leichtem Schmerz auf schnelle, plötzliche Veränderungen – wie zum Beispiel auf eine zu schnelle Autofahrt, auf das Abtauchen im Schwimmbecken oder auch auf plötzliche Gefühlswallungen. Sie hassen eben Veränderung.

c) Je höher du fährst, beispielsweise in einer Gondel den Berg hinauf, desto weniger Sauerstoffanteil hat die Luft. Dein Ohrenschmalz reagiert darauf sofort, denn Schmalz verhärtet sich, wenn ihm Sauerstoff fehlt. Das hörst und spürst du natürlich in deinem Ohr.

Richtig ist Antwort a)

Das kennst du bestimmt: Du fährst durch die Berge und ständig knackst es im Ohr. Und zwar immer dann, wenn es steil bergauf oder bergab geht. Der Grund ist ganz einfach: Der Luftdruck auf der Erde wird niedriger, je höher du kommst. Wenn du ganz unten im Tal bist, ist der Luftdruck am höchsten, denn unten liegen ja alle Luftschichten aufeinander und »drücken«. Ein Vergleich: Wenn du dich mit deinen Freunden übereinander legst, spüren die unteren viel mehr Druck als die oberen. So ist es mit der Luft auch.

Die Luft in deinem Ohr, hinter dem Trommelfell, passt sich dem Außendruck an. Sobald sich aber der Außendruck verändert – z.B. bei einer Fahrt auf einen Berg – wird der Druck außen geringer und daher presst die Luft im Ohr nach außen, denn sie hat nicht mehr genug Widerstand. Das kann manchmal wehtun. Wenn du gähnst und es im Ohr knackt, ist ein bisschen Luft entwichen und alles ist wieder gut.

Es sei denn, es geht wieder bergab. Dann fängt alles wieder von vorne an, allerdings umgekehrt. Nun drückt die Luft von außen ins Ohr, bis es sich wieder mit einem Knacks oder Gähner ausgeglichen hat.

Wodurch entstehen Sternschnuppen?

a) Sternschnuppen sind kleine Teilchen aus dem All, die in die Erdatmosphäre eindringen. Durch die Reibung mit der Luft entsteht Hitze und die Teilchen beginnen zu glühen. Diese Feuerkugeln können wir dann sehen, bis sie völlig verglüht sind.

b) Überall zwischen uns leben unsichtbare Engel. Ihr Zuhause ist ein unbekannter Ort im All, wo sie oft hinfliegen. Kommen sie wieder zurück, vergessen manche, sich früh genug unsichtbar zu machen. Daher können wir ab und zu ihre glitzernde Gestalt sehen.

c) Sternschnuppen gibt es seit 1861. Damals schlug ein Meteorit mit einer Geschwindigkeit von 50 000 Stundenkilometern auf einer Insel in der Nähe Mexikos auf. Dabei zersplitterte er in winzige Stücke. Kleine Brocken prallten zurück in den Himmel und sind seither als Sternschnuppen zu sehen.

Richtig ist Antwort a)

Sternschnuppen sind kleine Teilchen aus Eisen oder Gestein, von denen es im All unzählige gibt. Sie sind unterschiedlich groß, viele haben sogar nicht einmal die Größe einer Erbse. Mit einer Geschwindigkeit von 10 bis 70 Kilometern pro Sekunde (!) sausen sie überall herum, denn im All gibt es ja keine Reibung, die sie bremsen könnte.

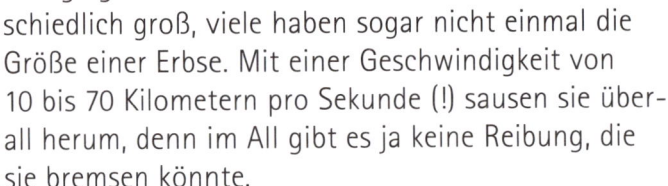

Ab und zu passiert es, dass einige dieser Teilchen in die Erdatmosphäre eindringen. Sofort entsteht eine gigantische Reibung mit der Lufthülle. Denn unsere Luft besteht aus lauter winzig kleinen, unsichtbaren Teilchen, die alles abbremsen, was sich bewegt.

Durch die Reibung entsteht Hitze. Die Teilchen beginnen zu glühen und ab diesem Moment kannst du ihren Flug verfolgen. Doch meist dauert er nur kurz, denn die Teilchen sind in einer Höhe von 120 bis 70 Kilometern schnell verglüht.

Manchmal gibt es einen regelrechten Sternschnuppenschauer, wenn besonders viele Teilchen aus dem All in die Erdatmosphäre eintreten. Das können Meteorologen voraussagen und es steht meist vorher in der Zeitung. In so einer Nacht brauchst du einen großen Wunschzettel, denn dann leuchtet der Himmel ununterbrochen.

Warum poppt Popcorn?

a) Wenn du Maiskörner mit Öl in einen Topf gibst, entsteht daraus Popcorn. Denn sobald Maiskörner mit Öl in Berührung kommen, gibt es eine chemische Reaktion, bei der sich die Schale des Korns auflöst. Es ist also überflüssig, die Körner zu erhitzen. Wenn du lange genug wartest, funktioniert es auch ohne Wärmezufuhr.

b) Sobald Maiskörner erhitzt werden, dehnt sich das Innere des Korns aus und drückt so heftig gegen die Schale, dass diese irgendwann platzt. Endlich hat das Innere genug Platz sich zu entfalten – fertig ist das Popcorn.

c) Popcorn poppt gar nicht. Es sieht nur so aus. Sobald die Maiskörner weich gekocht sind, wälzt man sie in einer Zucker- oder Salzmasse, je nach Geschmack. Anschließend kommt das Korn mitsamt seinem leckeren Mantel in eine Röstmaschine – und fertig ist das Popcorn.

Richtig ist Antwort b)

Ein Maiskorn besteht aus einem weichen, feuchten Innenteil und einer harten Schale außen herum. Wenn du nun Maiskörner in einer Pfanne erhitzt, wird natürlich das Innere der Körner warm und fängt an sich auszudehnen. Und da es auch noch feucht ist, bildet sich zusätzlich Dampf. Der Innenraum wird also bald zu eng und alles drückt so heftig gegen die Schale, dass sie irgendwann mit einem lauten FLOPP platzt. Endlich kann sich das Innere so richtig entfalten. Fertig ist das Popcorn!

Warum heißen Meerschweinchen Meerschweinchen?

a) Das Meerschwein entstand aus einem sensationellen Experiment des englischen Biologen James T. Pigfish. Er hat 1846 einem Schwein mehrere Eier eines seiner Aquarienfische in die Gebärmutter gespritzt. Vier Wochen später wurde das erste Meerschweinchen geboren. Er nannte es Meerschweinchen, um beiden Elternteilen gerecht zu werden.

b) Meerschweinchen waren noch vor 300 Jahren Lebewesen, die im Meer lebten. Erst eine Züchtung machte es möglich, dass sie nun auch an Land atmen und sich fortbewegen können. Den »schweinischen« Anteil des Namens erhielten sie, weil sie sich auf dem Meeresgrund genauso gerne suhlten wie Landschweine im Dreck.

c) Ursprünglich kommt das Meerschweinchen aus Mittel- und Südamerika. Als die Europäer es entdeckten, brachten sie es mit nach Europa und tauften es Meerschweinchen, weil es übers Meer kam und wie ein Schwein quiekte.

Richtig ist Antwort c)

Meerschweinchen kommen ursprünglich aus Mittel- und Südamerika. Die dort lebenden Indios halten sie schon seit Jahrhunderten als Haustiere. Allerdings haben sie die Tiere auch gegessen oder zu religiösen Zwecken geopfert.

Als die Spanier im 16. Jahrhundert Amerika entdeckten, haben sie unter anderem ein paar Meerschweinchen mit nach Europa gebracht. Ungefähr hundert Jahre später taten es ihnen noch einige Holländer nach. Und die Holländer waren es schließlich, welche die Meerschweinchen im großen Stil züchteten und nach und nach in ganz Europa verkauften.

Die Holländer tauften das Tier »Meerzwijn«, auf Deutsch: »Meerschwein«. Es kam schließlich über das Meer nach Europa und quiekte wie ein Schwein.

Warum bildet sich auf Pudding eine Haut?

a) Puddinghaut bildet sich immer dann, wenn der Raum, in dem der Pudding steht, nicht genug gelüftet ist. Dann ist nämlich die Luft mit zu vielen Stickstoffen angereichert. Und die haben die Eigenschaft, sich auf offene Speisen zu legen.

b) Im Pudding steckt eine besondere Substanz, die dafür sorgt, dass sich eine Hautschicht bildet. Dadurch soll der Pudding vor dem Eindringen von Bakterien oder anderen Krankheitserregern geschützt werden.

c) Haut bildet sich, weil die Flüssigkeit, die im Pudding enthalten ist, an der Oberfläche verdampft, solange der Pudding noch warm ist. Zurück bleiben dann nur die festen Zutaten und die bilden die Haut.

Richtig ist Antwort c)

Pudding besteht hauptsächlich aus Flüssigkeit, Stärke und Zucker. Flüssigkeit verdampft schneller an der Luft, solange sie warm ist. Wenn also der heiße Pudding auskühlt, verliert er an der Oberfläche jede Menge Flüssigkeit, denn die steigt nach oben. Zurück bleiben nur der Zucker und die Stärke. Diese beiden Zutaten bilden die Haut. Und je länger der Pudding an der Luft steht, umso dicker wird natürlich die Haut.

Es gibt ja Menschen, die Puddinghaut lieben. Wenn du allerdings nicht dazugehörst, gibt es einige Tricks, mit der du die Bildung der Haut verhindern kannst: Wenn du zum Beispiel den Pudding mit einer Folie abdeckst, kann die Flüssigkeit nicht verdampfen und sich somit auch keine Haut bilden. Oder du streust Zucker über die Oberfläche. Der Zuckersaft schützt den Pudding wie eine Folie. Und besonders lecker wirds, wenn du etwas Butter über die noch warme Puddingmasse streichst. Dadurch wird der Pudding quasi versiegelt und bildet auch keine Haut.

Warum ist es leiser, wenn frischer Schnee liegt?

a) Jedes Geräusch, auch die menschliche Stimme, sendet Schallwellen, die durch die Luft sausen. Sobald sie dein Ohr erreichen, bringen sie dein Trommelfell zum Schwingen. Erst dann »hörst« du sie. Wenn nun frischer Schnee liegt, verlieren sich die Schallwellen der Straßengeräusche in der Schneedecke. Sie werden also nicht wie sonst überall reflektiert. Daher ist es viel leiser als sonst.

b) Nicht nur Autos und Menschen machen Krach auf der Straße, sondern auch der Schnee. Denn er besteht aus unzähligen kleinen Kristallbällchen, die beim Fallen und Liegen so zusammengedrückt werden, dass sie starke Schallwellen senden. Die sind für das menschliche Ohr nicht zu hören, vernichten aber die Schallwellen der anderen Geräusche.

c) Es wird doch gar nicht leiser, wenn frischer Schnee gefallen ist. Lass dich bloß nicht veräppeln!

Richtig ist Antwort a)

Die Geräusche auf der Straße bewegen sich wellenförmig durch die Luft. Diese Wellen heißen Schallwellen. Sie werden an Häuserwänden, Bäumen und Mauern reflektiert, sodass sie überall und oft auch noch ziemlich weit weg zu hören sind.

Wenn aber frischer Schnee gefallen ist, gibt es in der Schneedecke jede Menge winzig kleiner Zwischenräume, in denen sich die Schallwellen verlieren. Nun werden sie nicht mehr wie sonst reflektiert. Der Schnee schluckt sozusagen die Straßengeräusche.

Warum schwitzen wir manchmal?

a) Deine Haut ist ein sehr wichtiges Organ, das auch atmet. Durch die starke Umweltverschmutzung sind die Poren der Haut allerdings oft verstopft. Ist dies der Fall, schwitzt du Wasser von innen durch die Haut nach außen, damit die Poren gut durchgespült werden.

b) Manche Organe in deinem Körper sind äußerst geruchsempfindlich. Daher sorgen sie dafür, dass unangenehme Gerüche, die während der Verdauung in deinem Körper entstehen, in Form von Schweiß abgestoßen werden.

c) Wenn dein Körper zu sehr erhitzt ist, kann er die überschüssige Wärme in Form von Schweiß über deine Haut loswerden. Schwitzen ist also eine Art lebensnotwendige Klimaanlage.

Richtig ist Antwort c)

Dein Körper ist ständig in Bewegung und dadurch verbraucht er ununterbrochen Energie. Das tut er selbst, wenn du im Bett liegst, denn die Organe arbeiten ja auch, während du schläfst.

Das Herstellen der Energie erzeugt Wärme. Wenn es zusätzlich draußen auch noch heiß ist oder du Sport treibst, wird es in dir ganz schön warm. Da dein Körper aber nur bei 37 °C richtig gut funktioniert, muss er die überschüssige Wärme irgendwie loswerden.
Und das gelingt ihm dank der zwei bis drei Millionen Schweißdrüsen, die in deiner Haut sitzen. Sobald es deinem Körper zu heiß wird, fangen die Schweißdrüsen an zu arbeiten und sondern Schweiß ab. Der Schweiß nimmt Körperwärme mit nach außen. Zusätzlich bewirkt er noch eine herrliche Abkühlung auf der Haut, weil er nass ist.

Also, auch wenn das Schwitzen manchmal unangenehm ist, sei froh, dass du es kannst, denn ohne deine »eingebaute« Klimaanlage würdest du innerlich regelrecht verbrennen.

Warum bekommt man Pickel?

a) Pickel entstehen in der Nacht, wenn du träumst. Deine Haut spiegelt die Heftigkeit deiner Träume wider, denn sie ist das sensibelste Organ und produziert bei Stress- bzw. Alpträumen Pickel, durch die sie Überdruck ablässt.

b) Pickel entstehen, wenn unsere Poren in der Haut verstopfen. Dann stauen sich dort Fett, abgestorbene Hautpartikel und Bakterien. Und die sind schuld daran, dass sich die Stelle entzündet. Dann ist er da, der lästige Pickel!

c) Auch wenn sie nicht so aussehen: Pickel sind Ausdruck größter Lebensfreude! Dein Körper reagiert auf Freude, Glück und Zufriedenheit mit höherem Blutdruck. Der wiederum sorgt dafür, dass deine Haut unverhältnismäßig stark durchblutet und gereinigt wird. Der dadurch anfallende Dreck wird in Form von Pickeln ausgeschieden. Im Mittelalter waren Pickel ein Schönheitsideal.

Richtig ist Antwort b)

Wenn du in die Pubertät kommst, passiert so einiges mit deinem Köper. Unter anderem produzieren deine so genannten Talgdrüsen in der Haut mehr Fett. Oft führt das dazu, dass manche Poren verstopft werden. Und in diesen Poren bilden sich dann aus abgestorbenen Hautzellen, dem Fett und Hautbakterien so genannte Mitesser. Das sind kleine, schwarze Punkte, die auf der Haut sichtbar sind. Wenn sich ein Mitesser wegen der Bakterien schließlich entzündet, entsteht ein Pickel.

Falls du davon betroffen bist, hier ein heißer Tipp: Du solltest auf keinen Fall an den Pickeln herumdrücken, weil die Bakterien sonst eventuell tiefer in das Gewebe gepresst werden und sich die Entzündung verschlimmern kann. In jeder Drogerie findest du sinnvolle Pflegeprodukte gegen Pickel und in ganz schlimmen Fällen kann dir ein Hautarzt weiterhelfen.

Übrigens: Nicht nur Jugendliche leiden unter Pickeln. Nahrungsmittel-Unverträglichkeiten, schlechte Ernährung, Stress oder einfach »nur« Veranlagung können auch Pickel bei Erwachsenen verursachen.

Wie entstehen Sommersprossen?

a) Sobald es warm wird, die Sonne scheint und du viel draußen bist, wirst du braun. Die Farbe wird von Zellen in deiner Haut produziert. Menschen mit sonnenempfindlicher Haut produzieren manchmal zu viel von dieser Farbe und dadurch entstehen Sommersprossen.

b) Sommersprossige Menschen gehörten bis 527 nach Christus einem Stamm an, der auf dem Gebiet vom heutigen Schottland lebte. Aufgrund einer Naturkatastrophe (Vulkanausbruch im Februar 527) wurde der Stamm in alle Himmelsrichtungen zerstreut. Daher leben nun die »Menschen mit Farbpickeln«, wie sie früher genannt wurden, auf der ganzen Welt verteilt.

c) Als die Geschichte von Pipi Langstrumpf berühmt wurde, fingen viele Schweden an, sich Sommersprossen ins Gesicht zu malen. Diese Mode hat sich blitzschnell in ganz Europa verbreitet und hält sich noch heute. Wer Sommersprossen im Gesicht hat, gilt als schlau, frech und besonders stark.

Richtig ist Antwort a)

In deinem Körper gibt es einen Farbstoff, der Melanin heißt. Sobald die Sonne auf deine Haut scheint, produzieren Zellen in der Haut diesen Farbstoff. Daher wird im Laufe des Sommers deine Haut braun. Vorausgesetzt natürlich, du hast dich gut eingeschmiert, sonst wird sie eher knallrot.

Menschen mit besonders heller und sonnenempfindlicher Haut neigen dazu, an einigen Hautstellen zu viel und zu schnell von diesem Melanin zu produzieren. Und genau an diesen Stellen entstehen dann die kleinen, braunen Flecken, die Sommersprossen. Sie sind ganz harmlos und tun nicht weh.

Ihren Namen tragen sie, weil sie hauptsächlich im Frühjahr und im Sommer auftreten. Und zwar überall dort, wo die Sonne direkt auf die Haut scheint, also im Gesicht, auf den Händen, an den Oberarmen und nur manchmal auch am ganzen Körper.

Übrigens: Wenn du keine Sommersprossen hast und gerne welche hättest, kannst du sie dir nur aufmalen, denn die Neigung zu Sommersprossen ist vererbbar und es gibt keinen Trick, wie man sie doch noch irgendwie bekommen könnte.

Wie spinnen Spinnen?

a) Spinnennetze sind gar nicht von Spinnen gesponnen, sondern vom so genannten Fadenkäfer. Jeden Morgen baut das Weibchen ein Netz. Darin legt es Eier ab, um die es sich nicht weiter kümmern muss. Die Nachkommen schlüpfen innerhalb von zwei Stunden ganz von alleine und die Spinnen übernehmen daraufhin das verlassene Nest.

b) Die Spinne frisst Unmengen Blumennektar und verarbeitet ihn in ihrem Magen zu einem klebrigen Brei, den sie über den Mund als Faden wieder ausscheidet. Sie bricht also sozusagen ihre Spinnenfäden aus.

c) Die Spinne hat an ihrem Hinterteil Drüsen, mit denen sie die Spinnenfäden produziert. Je nachdem, wofür sie den Faden braucht, ist er aus unterschiedlichen Stoffen zusammengesetzt. So fügt sie zum Beispiel stellenweise Klebstoff hinzu, damit Beutetiere am Spinnennetz kleben bleiben.

Richtig ist Antwort c)

Eine Spinne besitzt in ihrem Hinterleib verschiedene Drüsen, um Fäden für unterschiedliche Zwecke produzieren zu können. Trockenen Faden spinnt sie für ihr »Wohnzimmer«, also für den Bereich, in dem sie sich selber aufhält. Der ist in der Mitte des Netzes. Und klebrigen Faden produziert sie für ihre »Speisekammer«, die aus dem Rest des Netzes besteht. Fliegt nämlich ein Insekt aus Versehen gegen das Spinnennetz, bleibt es kleben und dient der Spinne als Nahrung.

Meist bauen die Spinnen ihre Netze in der Nacht, damit sie tagsüber nicht die Aufmerksamkeit jagender Vögel auf sich lenken. Manche Spinnen müssen sogar jede Nacht ein neues Netz bauen, weil sie das alte auffressen. Das Spinnen kostet die Spinnen nämlich jede Menge Energie und die holen sich manche beim Fressen des Netzes wieder zurück.

Die Fäden werden auch Spinnenseide genannt. Sie unterscheiden sich alle in Dicke, Struktur und Zusammensetzung der chemischen Stoffe. Aber alle sind ungeheuer elastisch. Obwohl sie sehr viel dünner als menschliche Haare sind, können Spinnenfäden fast um ein Drittel ihrer Länge gedehnt werden.

Warum stinken manche Füße?

a) Es sind nicht die Füße, die stinken, sondern die Schuhe. Manche Hersteller verwenden für das Innere des Schuhs billiges Material, das oft schon nach kurzer Zeit einen unangenehmen Geruch bildet. Den nehmen die Füße dann leider an.

b) Es sind die Bakterien auf deiner Haut, die sich vom Schweiß ernähren und dann den üblen Geruch hinterlassen.

c) Ob du Schweißfüße hast oder nicht, kannst du durch deine Ernährung steuern. Vor allem Menschen, die viel Käse essen, haben eine starke Geruchsbildung an den Füßen.

Richtig ist Antwort b)

Wenn deine Füße den ganzen Tag in festen Schuhen stecken, kann es passieren, dass sie ziemlich unangenehm riechen, sobald du die Schuhe abends auszieht. Du hast dann so genannte Schweißfüße.

Schweiß an sich ist völlig geruchlos. Erst die Bakterien sorgen für den unangenehmen Geruch. Sie vermehren sich besonders stark in warmer und feuchter Umgebung, also z. B. in Achselhöhlen und an den Füßen. Dort ernähren sie sich von dem Schweiß, in der Fachsprache heißt das: Sie zersetzen ihn. Und zurück bleibt dann der Gestank.

Deodorants enthalten antibakterielle Wirkstoffe. Sie hemmen das Wachstum der Schweiß zersetzenden Bakterien. Und dadurch wird der unangenehme Körpergeruch verhindert.

Übrigens: Im Limburger Käse und an menschlichen Füßen kommen die gleichen Arten Bakterien vor. Der Ausdruck »Käsefüße« scheint also berechtigt zu sein.

Riecht ein Mitmensch unangenehm, hilfst du ihm am meisten, wenn du ihn behutsam darauf aufmerksam machst. Oft riecht man sich selber nämlich am wenigsten, weil sich die Nase so an den Geruch gewöhnt, dass man ihn nicht mehr als unangenehm wahrnimmt.

Warum fallen schlafende Vögel nicht von der Stange?

a) Vögel haben zwei Gleichgewichtsorgane, also eins mehr als die Menschen. Außerdem haben sie in ihren Füßen einen speziellen Mechanismus, mit dem sie sich an Stangen festkrallen können, ohne einen Muskel dabei anzustrengen. Daher funktioniert das Krallen auch im Schlaf.

b) Sobald die Vögel mit einer Stange in Berührung kommen, fahren sie an ihren Fußsohlen reflexartig mehrere kleine, spitze Dornen heraus. Man kann also sagen, dass sie sich quasi selber in die Stange »nageln«.

c) Sobald die Vögel auf einer Stange landen, produzieren sie blitzschnell in den Füßen und Beinen eine Substanz, die so schwer wie Blei ist. Dadurch sitzen sie so fest auf der Stange, dass sie nicht einmal im Schlaf runterfallen.

Richtig ist Antwort a)

Vögel haben im Gegensatz zu uns Menschen zwei Gleichgewichtsorgane. Eines im Ohr, wie bei uns, und ein zusätzliches im Bereich des Beckens. Die Gleichgewichtsorgane sind dafür zuständig, die Muskulatur so zu steuern, dass man sich auf den Beinen halten kann. Und da die Vögel zwei davon haben, können sie es natürlich besonders gut.

Allerdings würden ihre beiden Gleichgewichtsorgane alleine den Vögeln noch nicht ausreichen, um sich auch im Schlaf auf der Stange halten zu können. Hier hilft ihnen ein ausgeklügeltes System an ihren Füßen. Unter jedem Fuß haben Vögel einen Reflexpunkt. Wird dieser Punkt durch Druck gereizt, setzt automatisch der Greifreflex ein. Besonders praktisch dabei ist, dass die Muskulatur bei aktiviertem Greifreflex völlig entspannt ist. Nur daher können die Vögel auch bei festem Zugriff herrlich schlafen.

Dank des Zusammenspiels von Greifreflex und Gleichgewichtsorganen können sich die meisten schlafenden Vögel sogar bei starkem Wind problemlos auf schwankenden Ästen halten.

Warum fliegen manche Zugvögel in V-Form?

a) Vögel sind Herdentiere und jede Herde hat ihren Anführer. Die soziale Ordnung eines Vogelschwarms wird vor dem Aufbruch ins Winterquartier noch einmal klar bestimmt und jedes Tier bekommt seinen Platz. Das ernannte Leittier gibt Richtung und Tempo an, der Rest folgt in V-Form, weil die Tiere zwar die Reihenfolge einhalten, aber auch freie Sicht nach vorne haben wollen.

b) Die V-Form ist für einen langen Flug in erster Linie Kräfte sparend. Denn die Vögel nutzen den Windschatten und die Luftströmung des Vordermanns. Das Leittier hat es am schwersten, daher wird es regelmäßig abgewechselt.

c) Auf der langen Reise in den Süden bekommt ein Schwarm ständig Zuwachs von Gleichgesinnten. Wenn ein Schwarm in Schweden zehn Tiere zählt, endet er meist in Afrika mit mehreren Hundert Vögeln. Um es den Anschlusssuchenden leichter zu machen, fliegen die Schwärme von Anfang an in V-Form, die wie ein Pfeil die Richtung angibt.

Richtig ist Antwort b)

Der Vogel, der ganz vorne fliegt, schneidet eine Schneise durch die Luft. Du kennst das vielleicht von einer Bootsfahrt: Das Boot hinterlässt im Wasser ebenfalls eine Schneise in V-Form. So musst du dir das in der Luft auch vorstellen, da siehst du es nur nicht. Die Luft wird vom vorderen Vogel genauso durchschnitten wie das Wasser vom Boot. Dabei hinterlässt er eine Luftströmung in V-Form, welche die hinteren Tiere regelrecht mit sich zieht. Und das ist ganz schön wichtig, denn die Reise ins Winterdomizil ist lang.

Das Zusammenspiel der Zugvögel ist ein tolles Beispiel für gute Teamarbeit. Denn sie wechseln sich mit der schwierigsten Aufgabe ab. Das Tier, das ganz vorne an der Spitze fliegt, hat es nämlich am schwersten, daher muss jedes ausgewachsene Tier eine Weile diese Führungsrolle übernehmen. Es bekommt dann den ganzen Wind ab, während sich die folgenden Tiere einfach in die V-förmige Luftströmung »hängen«.

Warum kann eine Wurst beim Erwärmen platzen?

a) Ob die Wurst platzt oder nicht, liegt an der Beschaffenheit des Topfes. Bei einem Edelstahltopf platzt sie eher als bei einem mit Teflon beschichteten, denn das Wasser ist viel stahlhaltiger. Dadurch stehen die Speisen unter Druck und platzen.

b) Das Würstchenfleisch dehnt sich beim Erhitzen schneller aus als die Würstchenpelle. Daher kommt es oft dazu, dass die Pelle platzt.

c) Würste platzen, wenn du zu viele auf einmal in einem Topf erhitzt. Bei Überbeladung platzen die untersten Würste zuerst, und da Platzen – ähnlich wie Gähnen – ansteckend ist, machen es ihnen die anderen Würste nach.

Richtig ist Antwort b)

Sobald eine Wurst erhitzt wird, dehnt sich das Fleisch wesentlich schneller aus als die Wurstpelle außen herum. Die ist nämlich sehr viel härter und gibt auch bei Hitze nicht so schnell nach. Wenn du also eine Wurst zu schnell bei hoher Temperatur erwärmst, kann es dir passieren, dass die Pelle platzt, weil sie den Druck des sich ausdehnenden Fleisches einfach nicht mehr aushält.

Es gibt aber einen Trick, um das zu verhindern: Wenn du die Würstchen gleich am Anfang ins lauwarme Wasser legst und dann das Würstchenwasser langsam erhitzt und nicht zum Kochen bringst, hat die Pelle genug Zeit, sich ausreichend auszudehnen.

Warum zittern wir, wenn wir frieren?

a) Zittern ist für dich lebensnotwenig. Denn wenn du zitterst, schaltest du deine eigene Heizung ein. Mit den Zitterbewegungen erzeugst du nämlich Wärme. Daher fängt dein Körper immer dann an zu zittern, wenn dir kalt ist und deine Körpertemperatur auf unter 37 °C zu sinken droht.

b) Wenn du unterkühlt bist, sind deine Muskeln nicht mehr so gut durchblutet und fangen an, unkontrollierte Bewegungen zu machen, das ist das Zittern. Sieh also zu, dass du möglichst schnell ins Warme kommst, wenn du frierst, denn zu häufiges Zittern ist schädlich für die Muskeln.

c) Zittern ist nicht, wie die meisten meinen, Ausdruck von Kälte, sondern von Vitaminmangel. Der zeigt sich am deutlichsten, wenn der Körper leicht unterkühlt ist, daher der Irrtum, dass Zittern etwas mit Frieren zu tun hat. Iss mehr Obst und Gemüse und du wirst sehen, du zitterst nicht, auch wenn du bei Kälte in der Unterhose draußen stehst.

Richtig ist Antwort a)

Wenn du anfängst zu zittern, ist es so, als würde deine eigene kleine Heizung anspringen, denn Zittern macht warm. Durch die schnelle Abfolge von Anspannung und Entspannung unzähliger Muskeln bewegt sich unser Körper unwillkürlich und dadurch wird Wärme erzeugt.

Sobald deine Temperatur zu niedrig wird, wie zum Beispiel wenn du zu dünn gekleidet im Winter an einer Bushaltestelle stehst, fängt dein Körper automatisch an zu zittern, damit er die Temperatur von 37 °C halten kann. Das ist lebensnotwendig und ganz schön praktisch.

Nicht jedes Lebewesen hat übrigens so eine eingebaute Heizung. Krokodile zum Beispiel müssen immer zusehen, dass sie ein sonniges Plätzchen zum Aufwärmen finden, denn sie können ihre Körpertemperatur nicht selbst regulieren.